Vente du Samedi 3 Novembre 1888

HOTEL DROUOT, SALLE N° 3

TABLEAUX

ANCIENS ET MODERNES

CADRES DORÉS ET EN BOIS SCULPTÉ

EXPOSITION PUBLIQUE

LE VENDREDI 2 NOVEMBRE 1888

De une heure à cinq heures.

COMMISSAIRE-PRISEUR	EXPERT
Mᵉ **PAUL CHEVALLIER**	**M. E. FÉRAL**, peintre
10, rue Grange-Batelière.	Faubourg-Montmartre, 54.

IMPRIMERIE D. DUMOULIN ET Cie
Rue des Grands-Augustins, 5, à Paris.

CATALOGUE

DE

TABLEAUX

ANCIENS ET MODERNES

DES ÉCOLES

Française, Flamande et Hollandaise

CADRES DORÉS ET EN BOIS SCULPTÉ

DONT LA VENTE AURA LIEU

HOTEL DROUOT, SALLE N° 3

LE SAMEDI 3 NOVEMBRE 1888

A deux heures

COMMISSAIRE-PRISEUR	EXPERT
Me PAUL CHEVALLIER	**M. E. FÉRAL**, peintre
10, rue de la Grange-Batelière	rue du Faubourg-Montmartre, 54.

Chez lesquels se trouve le présent Catalogue.

EXPOSITION PUBLIQUE : le Vendredi 2 Novembre 1888
De une heure à cinq heures.

CONDITIONS DE LA VENTE

La vente sera faite au comptant.

Les acquéreurs payeront cinq pour cent en sus des enchères applicables aux frais.

———

DÉSIGNATION

TABLEAUX ANCIENS

ABTSHOVEN (Th. Van)

1 — *Villageois attablés devant la porte d'un cabaret.*

ARELLANO

2 — *Pêches, raisins, prunes et autres fruits posés à terre.*
Bon tableau. Signé.

AVED

3 — *Portrait d'une dame faisant de la tapisserie.*
Bon portrait, dans un cadre sculpté.

BERGHEM (d'après **N.**)

4 — *Animaux à l'abreuvoir.*

BOUCHER (d'après **F.**)

5 — *Vénus et l'amour.*

CERQUOZZI (Dit Michel Ange des Batailles)

6 — *Fruits, légumes et objets divers posés à terre.*

CHARDIN (attribué à S.)

7 — *Portrait du maître.*
Bonne peinture.

CLOUET (école de J.)

8 — *Portrait d'un gentilhomme.*
Fine peinture sur bois.

DE HEM (attribué à C)

9 — *Fruits dans une corbeille.*

DE HEM (genre de C.)

10 — *Fleurs dans un vase de cristal.*

DE HEM (genre de C.)

11 — *Fleurs et instruments de musique posés sur une table couverte d'un tapis de Turquie.*

FOSCHI

12 — *Paysage avec rochers et cours d'eau.*
Effet de neige.

FRANCK

13 — *Les Noces de Cana.*

FRANCK

14 — *Jésus-Christ conduit au Calvaire.*
Importante composition sur cuivre, dans un cadre sculpté.

GOYA (Ecole de F.)
(DEUX PENDANTS)

15 — *Portraits d'un roi et d'une reine d'Espagne.*

GOYEN (genre de Van)

16 — *La plage de Scheveningen.*

GRIFF

(DEUX PENDANTS)

17 — *La chasse au sanglier.*
— *La chasse au loup.*

HONTHORST (Gérard)

18 — *Jeune femme à sa toilette.*
Toile ovale.

HONTHORST (Gérard)

(PENDANT DU PRÉCÉDENT)

19 — *La jeune femme aux colombes.*
Toile ovale.

JEAURAT

20 — *Jeune femme lisant.*

JEAURAT

21 — *Jeune femme faisant de la couture.*
Effet de lumière.

KNELLER (Godefroid)

22 — *Portrait de jeune dame.*

Vue à mi-corps, vêtue d'une robe de soie bleue.
Bon portrait, dans un cadre sculpté.

KERTFURT

(DEUX PENDANTS)

23 — *Cavaliers dans des paysages.*

LE DUC (attribué à J.)

24 — *Intérieur de corps de garde.*

LAIRESSE (Gérard de)

25 — *L'ivresse de Bacchus.*

LAURI (Philippe)

((DEUX PENDANTS)

26 — *Diane découvrant la grossesse de Calypso.*
— *Nymphes et faune dans un paysage.*

Fins petits tableaux, de forme ronde, dans des cadres
sculptés.

LÉLY (attribué à VANDER FAAS, dit le CHEVALIER)

27 — *Portrait d'une jeune princesse.*

Vue en pied, vêtue d'une robe en soie rose, assise auprès d'une table où se trouve une couronne.

MALLET

28 — *Nymphe et amour.*

Composition allégorique.

MICHEL (d'après G.)

29 — *Paysage avec cavaliers.*

MICHEL (d'après G.)

30 — *Marche d'animaux dans un chemin creux.*

MOLA (attribué à F.)

31 — *Vénus et Adonis.*

NATOIRE Ch.)

32 — *Bacchus enfant jouant avec des amours.*

Dessus de porte.

RUYSDAEL (attribué à SALOMON)

33 — *Arbres et maisons au bord d'une rivière hollandaise.*

Au centre, un bateau à voile.

RUYSDAEL (d'après J.)

34 — *Le buisson.*

SAUVAGE

35 — *Livres et bas-reliefs en plâtre posés sur une table.*

SCHALKEN (genre de G.)

36 — *Judith.*

SCHOEVAERDTS

37 — *Villageois chargeant des bateaux.*

STOLBERG (LOUISE DE), COMTESSE D'ALBANY

38 — *Petite paysanne italienne en prière.*

Très curieuse et intéressante peinture, signée à gauche et datée 1795.

La comtesse d'Albany était la dernière des Stuarts.

SWANEVELT (HERMAN)

39 — *Paysage avec pont de bois, figures et animaux.*

Soleil couchant.

TEGEO (R.)

40 — *Portrait d'un ecclésiastique.*

TORENVLIET

41 — *Jeune femme tenant des fleurs.*

VALLIN

42 — *Nymphe au repos.*

VAN LOO (d'après)

43 — *Portrait d'homme.*

VIEN (JOSEHP)

44 — *Jeune femme entrant au bain.*

WEHRLIN

45 — *La scène IXe dans* M. de Pourceaugnac.

Fine et spirituelle composition.

WEHRLIN

(PENDANT DU PRECÉDENT)

46 — *Autre scène tirée d'une des pièces de Mo-
lière.*

ZUCCARELLI

47 — *Paysage avec rochers et cours d'eau.*

Au premier plan, un pêcheur à la ligne et un homme
faisant boire ses chevaux.

ZUCCARELLI

48 — *Paysage avec rochers et cascades.*

ÉCOLE ESPAGNOLE

49 — *Fleurs et instruments de musique sur une
table.*

ECOLE ESPAGNOLE

50 — *La vierge allaitant l'Enfant Jésus.*

ÉCOLE ESPAGNOLE

51 — *L'évanouissement d'un saint.*

ÉCOLE ESPAGNOLE

52 — *Anachorète en prière.*

ÉCOLE ESPAGNOLE

53 — *Saint en prière.*

ECOLE FLAMANDE

54 — *Figures allégoriques debout.*
Deux tableaux dans le même cadre.

ÉCOLE HOLLANDAISE
(DEUX PENDANTS)

55 — *Savants dans leur cabinet.*

ÉCOLE HOLLANDAISE

56 — *Paysage avec moulin à vent.*

ÉCOLE HOLLANDAISE

57 — *Cerises dans une corbeille.*

ÉCOLE ITALIENNE

58 — *La vierge et l'Enfant Jésus.*

Cadre sculpté.

59 — *Sous ce numéro environ 25 tableaux anciens et modernes.*

60 — *Sous ce numéro des cadres dorés et en bois sculpté.*

TABLEAUX MODERNES

BALLUE (E.)

61 — *Cerfs sous bois.*

BAUDIT

62 — *Paysage et animaux passant sur un pont.*
Effet de clair de lune.

BELLANGÉ (Hipp.)

63 — *Cheval cherchant son maître après la bataille.*
Episode des guerres de l'Algérie.

BELLÉE (de)

64 — *Bûcherons dans un bois.*
Effet d'automne.

BLIN (F.)

65 — *Rochers au bord de la mer.*

BONINGTON (d'après)

66 — *La châtelaine.*

BONNEMAISON (G.)

67 — *Une clairière dans la forêt de Fontainebleau.*

BOUDIN

68 — *Sur la plage.*

BORIONE

69 — *Le repos.*
Pastel ayant figuré au Salon de 1846.

BOSQUIER

70 — *Pêches et raisins sur une table.*

BURDE (Paul)

71 — *Général espagnol à la tête des révoltés.*
Dessin au crayon noir.

BURNIER

72 — *Pivoines et pavots dans un vase en faïence.*

CARELLI (1822)

73 — *Pêcheurs devant une grotte au bord du golfe de Naples.*

CHIAPORY

74 — *Jeune dame en costume de chasse* (d'après Van Loo).

Pastel.

CHIAPORY

75 — *Jeune femme en Madeleine* (d'après Nattier).

Pastel.

CICERY (Eug.)

76 — *Arbres et rochers.*

Forêt de Fontainebleau.

CORTAZZO

77 — *Femme couchée.*

Esquisse.

COURTOIS

78 — *Fleurs dans un vase en porcelaine.*

DAGNAN-BOUVERET

79 — *Fleurs dans un vase en faïence.*

DAUBIGNY (Karl)

80 — *Paysage normand.*

Effet de clair de lune. Belle esquisse.

DEFAUX (A.)

81 — *Les ruines de Saint-Cloud, après la guerre.*

DESBOUTIN

82 — *Jeune femme, vue à mi-corps.*

DUPONT (Ernest)

83 — *Jeune fille en buste, genre de Greuze.*

GALIBERT

84 — *Poisson et bouilloire sur une table de cuisine.*

GAUBEAULD

85 — *Une revue au camp de Satory.*

GÉRARDIN

86 — *Canette et théière en cuivre rouge.*

GROISEILLIEZ (M. DE)

87 — *Sur les buttes Montmartre.*

GUILMET

88 — *Le chemin tournant.*

HAGUEMAU

89 — *Campement arabe au bord de la mer.*

HALEN (Van) 1860

90 — *Buffles au repos.*

HOGUET

91 — *Mer houleuse.*

ISABEY (Eugène)

92 — *Portrait de femme.*

De grandeur naturelle, debout, vue à mi-corps.
Esquisse provenant de la vente E. Isabey.

JOMBERT (G.)

93 — *Paysage.*

LAPITO (Aug.)

94 — *La côte du Pausilippe.*

LAURENT

95 — *Le troubadour.*

LECOMTE (Paul)

96 — *Maisons au bord de la Seine.*
Effet de neige.

LEDIEU (P.)

(DEUX PENDANTS)

97 — *Chasseur à cheval suivi de ses chiens.*

— *Chasseur faisant halte sur la lisière d'un bois.*
Signés et datés 1812.

LEDUC (V.)

98 — *Les préparatifs pour le bal.*

LEPIC (Ludovic)

99 — *Plage à marée basse.*
Effet de soleil couchant.

LEROY

100 — *Vue de Venise.*

LESSI (Jean)

101 — *La brasserie de la Fidélité.*

LESSI (Jean)

102 — *La grande avenue du bois de Boulogne.*

MAAS (J. J.) 1853

103 — *Le musicien aveugle.*

MAAS (J. J.) 1859

104 — *Le cellier.*

MANARPH

105 — *La promenade en bateau.*

MERWERT (Paul)

106 — *Les bergers pendant l'orage.*

MURATON (Louis)

107 — *Jeune femme vue en buste.*

REYNAULT

108 — *Sapho.*

PASINI (A.)

109 — *Caïn fuyant après la mort d'Abel.*

PETIT (Eugène)

110 — *Fleurs et coffret à bijoux.*

PETIT (Eugène)

111 — *L'église et le village d'Auvers.*

PETIT (Eugène)

112 — *Animaux, fruits et fleurs dans un parc.*
Esquisse pour un tableau décoratif.

PIGAL

113 — *La tentation.*

RÉNIÉ (N.)

114 — *Chemin dans les rochers.*

RÉNIÉ (N.)

115 — *Les sablonnières.*
Toile ovale.

RÉNIÉ (N.)

116 — *Chemin sous bois.*
Forêt de Fontainebleau.

RÉNIÉ (N.)

117 — *Environ 50 études.*
Paysage, figures et sujets divers.
Ce numéro sera divisé.

RIGAMEY

118 — *Le corps de garde.*

ROUSSEAU (Th.)

119 — *Animaux au repos.*
Étude d'après Karel du Jardin.

STEWART (J. L.)

120 — *Portrait de jeune dame.*

TANEUR (P. T.)

121 — *Les laveuses.*

WAUTERS (Ch.)

122 — *La marguerite effeuillée.*

MONOGRAMME J. D. M.

123 — *Paysage.*
Soleil couchant.

ÉCOLE MODERNE
(DEUX PENDANTS)

124 — *Le portrait.*
— *Une lecture dans un salon.*

ÉCOLE MODERNE

125 — *Les fauteuils d'orchestre.*

ÉCOLE MODERNE

126 — *Paysage avec cours d'eau et pêcheurs à
à la ligne.*

ÉCOLE MODERNE

127 — *Paysage avec arbres et rochers.*

ÉCOLE MODERNE

128 — *Plage à marée basse.*

ÉCOLE FRANÇAISE

129 — *Cavaliers russes dans un camp.*

130 — *Sous ce numéro, quelques tableaux non
catalogués.*

———